U0368568

科学分级阅读

1 下

丁浩 ◎ 主编

清华大学出版社
北京

内 容 简 介

本系列丛书是针对 6～12 岁孩子科普学习和科学素养培育而编写的科普读物，依照不同年龄段孩子的智力和心理发育程度，内容分级设计，逐级深入，为孩子提供更具科学性和有针对性的阅读内容。本丛书将复杂的科学理论用有趣的故事呈现，并加入丰富的科学实践，深入浅出，简明扼要，可读性强。

本丛书内容选材在兼顾知识性、趣味性和新颖性的同时，充分体现生活化的特点，让孩子从熟悉的日常生活出发，了解科学探究的基本方法，发现生活实际中的简单科学问题，开阔视野，为科学素养的持续发展奠定良好的基础。

图书在版编目（CIP）数据

科学分级阅读. 1. 下 / 丁浩主编. —北京：清华大学出版社，2022. 9
（亲近科学）
ISBN 978-7-302-61882-9

I. ①科… II. ①丁… III. ①科学知识－少儿读物 IV. ① Z228. 1

中国版本图书馆 CIP 数据核字（2022）第 170667 号

责任编辑：杜春杰
封面设计：刘超
版式设计：北京沃维德教育科技发展有限公司
责任校对：马军令
责任印制：丛怀宇

出版发行：清华大学出版社
      网　　　址：http://www. tup. com. cn，http://www. wqbook. com
      地　　　址：北京清华大学学研大厦 A 座　　邮　　编：100084
      社 总 机：010-83470000　　邮　　购：010-62786544
      投稿与读者服务：010-62776969，c-service@tup. tsinghua. edu. cn
      质 量 反 馈：010-62772015，zhiliang@tup. tsinghua. edu. cn
印 装 者：三河市君旺印务有限公司
经　　销：全国新华书店
开　　本：210mm×285mm　　印　张：4　　字　　数：100 千字
版　　次：2022 年 11 月第 1 版　　印　　次：2022 年 11 月第 1 次印刷
定　　价：39. 80 元

产品编号：094125-01

前　言

科学是人类进步的基础，是打开未来之门的钥匙。科技兴则民族兴，科技强则国家强。习近平总书记指出，"科技创新、科学普及是实现创新发展的两翼，要把科学普及放在与科技创新同等重要的位置"。

科技创新的基石是科学普及，而科学普及的关键是少儿时期的科学普及教育。对少年儿童大力开展科学普及教育，可以激发孩子的好奇心，引导孩子学习科学的兴趣，帮助他们了解科学知识，学习科学思维，掌握科学方法，树立科学态度，只有这样才能培养出越来越多具有科学家潜质的青少年，提高国家的核心竞争力。

科学是一门综合性的基础学科，是包括物理学、化学、生物学、天文学、地球科学、工程与技术科学等分支学科在内的知识系统及认知方法。本丛书针对不同年龄孩子的认知水平和知识经验进行内容分级编排，逐级深入，提升孩子的科学素养；更加系统、合理地介绍科学知识，全面培养孩子的科学观念和科学思维方式。本丛书不仅融入当下国内外科技的研究成果，还介绍了古代的科技发展成就，让孩子了解国情，放眼世界，增强民族自信心和自豪感。

本丛书使用了大量艺术水准较高的精细插画、趣味漫画以及真实照片，并利用剖面、透视等绘画技巧，使孩子犹如亲临大自然的现场，并观察到平时目力无法触及的物体内部结构，领会万物的精巧和神奇；通过有趣的知识编排，帮助孩子轻松阅读，收获知识，激发孩子研究科学的兴趣；同时，通过互动式知识探讨设计、科学互动游戏和实验模块，帮助孩子培养并提升探究和实践的能力。

本丛书倡导人与自然和谐共生，弘扬中华优秀传统文化，普及中国杰出科学家的事迹及成就，加强爱国主义教育；选材涉及最新科学事件和前沿科技，培养孩子的气候、环境保护意识，让孩子立足时代、面向未来。

少儿时期阅读习惯的养成对孩子一生的成长大有裨益。本丛书历经 5 年的编撰，科普和阅读双目标设计，旨在提高广大少年儿童的阅读能力和科学素养，为孩子的终身发展奠定基础，培养有理想、有本领、有担当、具有全球竞争力的时代新人。

编者

2022 年 9 月

CONTENTS 目录

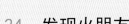

蚂蚁 和 鲸

在我们生活的地球上，无论是海洋还是陆地，都居住着各种各样的生物。它们的体形也大不相同：有的小巧玲珑，有的硕大无比。大家可以想到哪些动物呢？

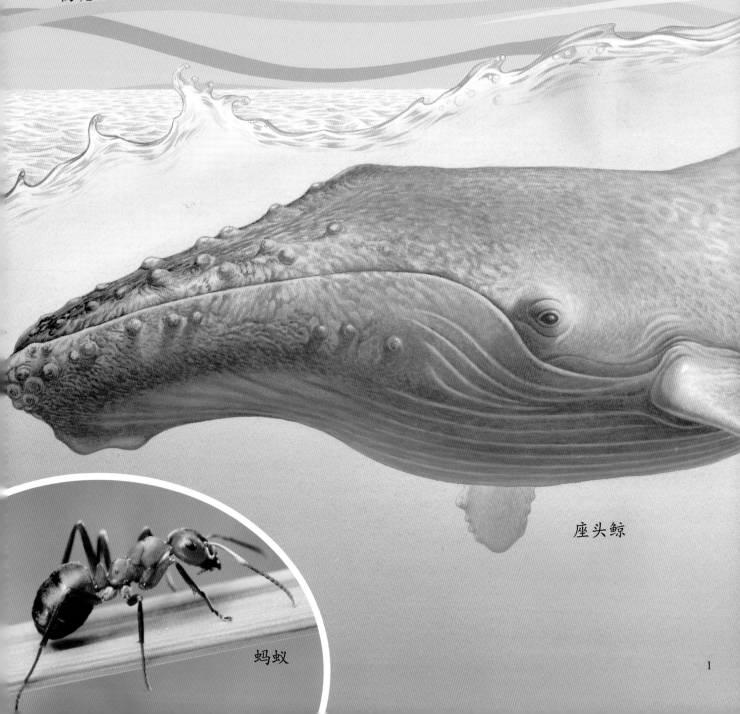

座头鲸

蚂蚁

充满力量的小蚂蚁

别看蚂蚁个子小，像米粒一样，却力大无穷。它能够搬起比自己重好几倍的食物，如果遇到一只蚂蚁无法搬得动的食物，整个蚂蚁家族就会一起出动。我们经常可以在野外的小草上、土堆里发现蚂蚁的身影。

◀ 工蚁从蚁巢出发，一般在 20 米的范围内寻找食物，如果找不到，再到更远的地方找

▼ 蚂蚁吃得很少，却长得很快，从出生到成年，只要三个月

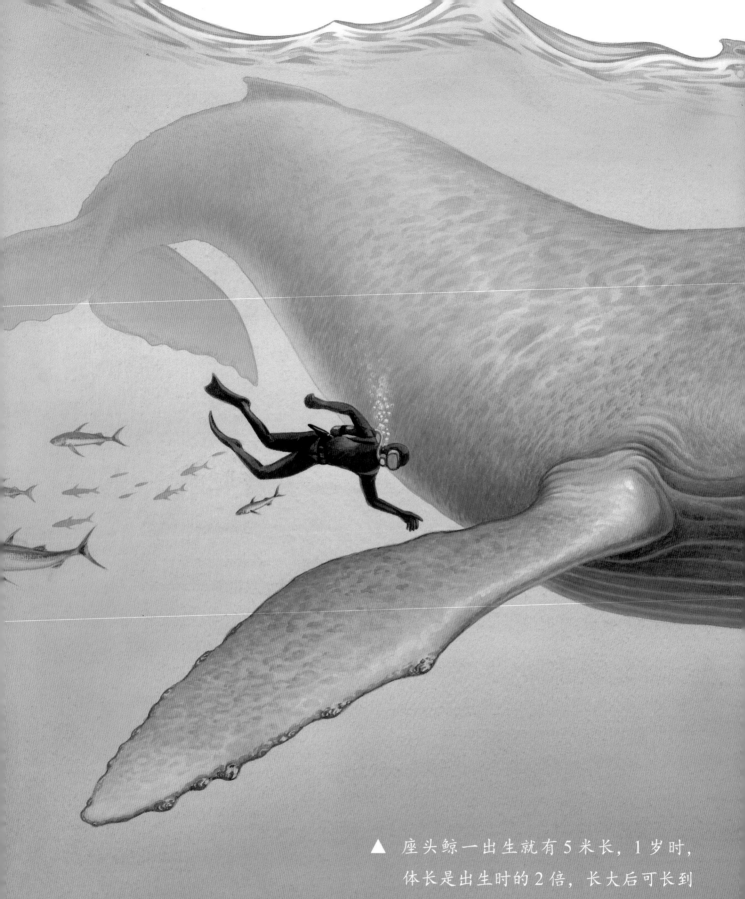

▲ 座头鲸一出生就有5米长，1岁时，体长是出生时的2倍，长大后可长到18米。它几乎没有敌人

热爱旅行的鲸

　　鲸的体形很大，比 3 辆汽车连到一起还要长，也很重，比十几头大象加到一起还要重。虽然鲸有着巨大的身体，但靠着海水的浮力也能畅游无阻，它一年的旅行距离，几乎可以绕地球一整圈。有些座头鲸每年会从夏威夷游到阿拉斯加、北冰洋海域附近寻找食物。

不耐烦的蝌蚪

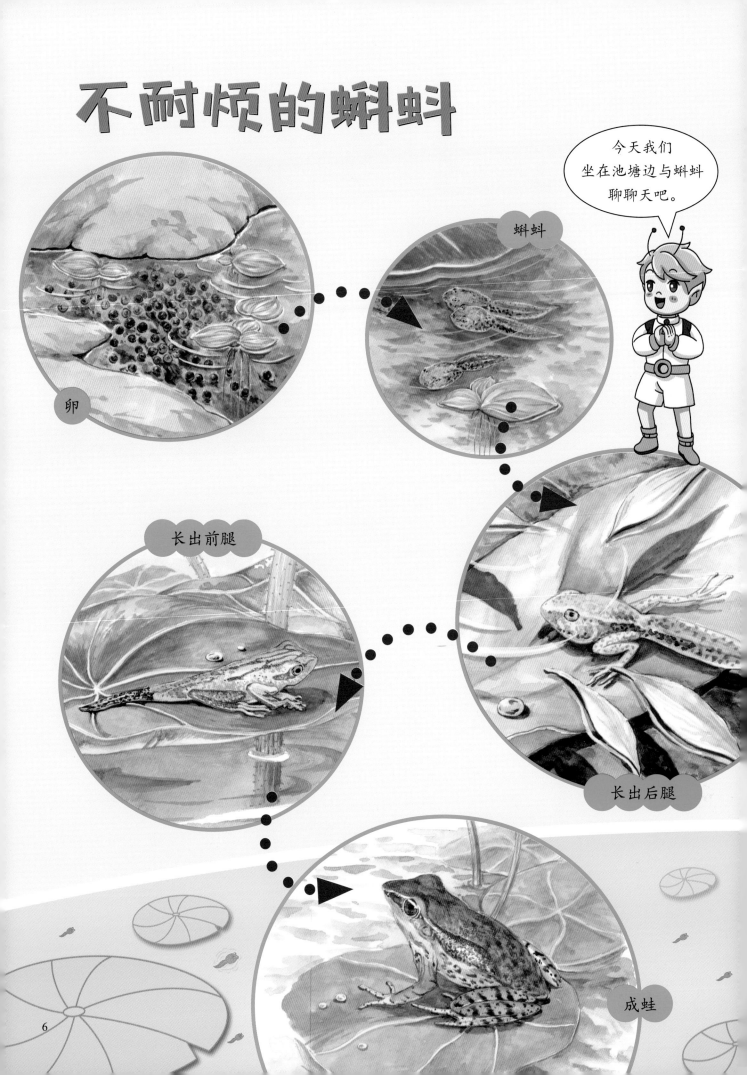

今天我们坐在池塘边与蝌蚪聊聊天吧。

卵

蝌蚪

长出后腿

长出前腿

成蛙

蝌蚪，你好，你可以告诉我们鱼类的生活是什么样的吗？

我不是鱼！我真的不是鱼！我是两栖（qī）动物，等我完全发育好之后就是一只青蛙。

我有些怀疑，你看起来的确很像鱼。你生活在溪流中，而且你有鳃（sāi），还有鳍状的尾巴，眼睛又没有眼睑。你还是直接告诉我鱼类和两栖动物到底有什么不同吧。

这太容易区分了！鱼类一生都生活在水里；我们既可以生活在水中，也可以生活在陆地上。事实上，两栖动物在幼年时大多待在水中，成年以后则偏爱待在陆地上。不过，就算是成年以后，我们也需要住在水边，这样我们的皮肤才不会太干燥。

原来是这样！那两栖动物全都和你长得差不多吗？

不对，不对！两栖动物一共有三个目，也就是三种分类：第一类是无尾目，主要包括蛙和蟾蜍；第二类是有尾目，主要包括蝾螈、小鲵（ní）和大鲵；第三类是没有四肢的无足目。你大概对无足目一无所知吧，在我们的大家族中，它们的名气最小。

没有四肢？听起来它们好像鱼呀。

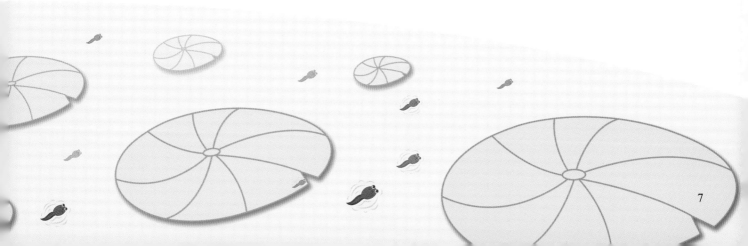

不，不。除了没有四肢这一点外，它们与其他两栖动物十分相似。我知道你们为什么会将鱼类和两栖动物混为一谈，因为我们之间的相似处实在太多了。我们喜欢水，都是冷血动物。你知道吗？一旦我们生活的水域变热或变冷，我们的体温也会随着改变。

对，我就是觉得你们很像。难道你不这么认为吗？

不会的，鱼类和两栖动物是完全不同的。现在，虽然我全部时间待在水中，用鳃呼吸；但这只是我生命中的一个阶段，以后将会完全不同。

好吧，我明白了。那么你希望长大后变成什么模样呢？

一只青蛙！两三个月后，我的肺将会完全长好，那时我就可以离开水呼吸了。同时，我的尾巴会消失不见，而且我还会长出四条腿，这样我就可以登上陆地了。哎，不过我还是希望这种转变能容易一些，因为我从来不能离水边太远。

蟾蜍也是由蝌蚪变成的，你怎么知道自己不会变成蟾蜍呢？

拜托，我的父母是青蛙。我想你目前还无法了解这一点，但是一旦我变成青蛙，你就会很容易分辨出我与蟾蜍有什么不同了。我想，青蛙在人们眼中要漂亮多了。身为青蛙，我会跳跃，还拥有一身光滑的皮肤。蟾蜍则满身疙瘩，跳起来也不够好看。

我知道了。那所有的蝌蚪都住在池塘中吗？

我是住在池塘中，不过，任何比较温暖的水域，例如小溪、河流、湖泊，对我们来说都是适合居住的好地方。我们的生存能力很强，一个地方只要有一段时间的温暖天气和水，我们就能够生存。热带雨林是我们的乐园，那里不但雨量充足，而且相当温暖，对我们的生长大有帮助。

你平时喜欢吃什么呢？

我是杂食性动物，喜欢吃水藻，有时也会吃动物性食物。如果你想把我带回家的话，可以给我煮一点生菜叶，我是很好养活的。

看来你是个很好招待的客人。

没错，我也是一个好邻居。我讨厌独来独往，但是自从我出生后就一直孤军奋战，我的童年可不好过。我生活的这个池塘及附近有许多动物，鱼、甲虫、蜻蜓等都对我虎视眈眈，想将我生吞下肚，这就是生态系统。我们生活在一起，相互依赖，相互制约。

你真棒！如此看来，无论作为蝌蚪还是青蛙，你总是设法努力地生存！

花豹、猎豹比一比

　　猫科动物家族的成员可真不少，有花豹、猎豹、老虎、猞（shē）猁（lì）、兔狲（sūn）、渔猫等。其中花豹和猎豹的外表极为相像，身上散布着许许多多的黑色斑点，它们可以融入周围环境，隐藏自己，不被敌人发现。人们常常分不清它们，其实它们还是有很多不同的地方，让我们一起去看看吧！

外形比一比

花豹体形粗壮，身上的斑点像一朵朵镶着黑边的黄色小花，而腿部的斑点是黑色的，这些斑点可以让它混在树叶和草丛的阴影中，不容易被发现。猎豹身上全是黑色的斑点，体形纤细，但是看起来很结实。此外，猎豹的脸上有两条黑色的泪纹，而花豹是没有的。

▲ 猎豹是陆地上跑得最快的动物，速度最快每秒可达31米，和高速公路上的汽车一样快，不过它们无法长时间奔跑，跑完500米就得停下来休息

捕猎比一比

　　花豹白天大部分时间待在树上休息或睡觉，要发现它们的行踪并不容易。等到太阳下山后，花豹才爬下树，外出狩猎。它会先隐藏在草丛间，朝着猎物慢慢靠近，再冲出去咬穿猎物的脖子，将其迅速拖到树上后再吃掉，以免被鬣（liè）狗、胡狼或狮子抢走。猎豹则通常在白天狩猎，依靠自己的飞毛腿追捕猎物。因为猎豹的耐力不足，所以它如果不能在短距离内捕捉到猎物，就会选择放弃，重新等待下一次机会出击。

可爱的豹宝宝

　　花豹和猎豹的宝宝也长得很相似，因为它们都是猫科动物，所以有很多相同的习性。花豹妈妈独自养育宝宝长大，并教会花豹宝宝爬树保护自己。花豹大部分时间是单独生活的。猎豹一般结伴捕猎。猎豹妈妈会教猎豹宝宝狩猎技巧和如何保护自己。

征集嗅觉灵敏高手

狗的灵敏嗅觉

 今天动物搜救队要招收新队员，征集嗅觉灵敏的动物，协助救难！

 队长，我的嗅觉非常灵敏！我鼻腔中的嗅细胞比人类多 40 倍，我不但能分辨很多种气味，而且连很淡的气味也闻得到。我如果入选搜救队，一定能追踪气味，并顺利救出受困者！

▲ 狗会在地上闻来闻去，追踪猎物的气味，或者通过闻自己留下的尿味，找到回家的路

▶ 狗的鼻尖表面湿润，鼻腔中有许多褶皱，上面布满黏液，可以帮助嗅细胞捕捉空气中的气味分子，再由嗅神经传送到大脑的嗅球，因此狗最多可以分辨十几万种气味

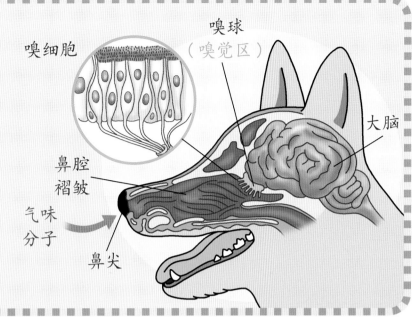

嗅细胞
嗅球（嗅觉区）
大脑
鼻腔褶皱
气味分子
鼻尖

▲ 狗经过训练后，可以在发生地震等自然灾害后，利用灵敏的嗅觉找到受困的人

你的嗅觉很灵敏，录取你啦！

太好了！谢谢队长！

嗯，前方有受困者的气味！

闻......

▲ 大象的视力不好，但是嗅觉非常敏锐，当它举起鼻子在空中摆动时，只要风向对，最远可以闻到1千米外的气味

▶ 大象有两个鼻孔，鼻子的末端还有指状突起，可以帮助它拿起小东西

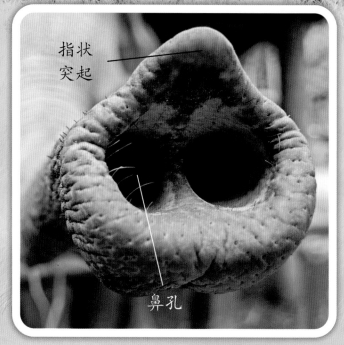

指状突起

鼻孔

大象可以分辨多种气味

队长，我们的长鼻子不仅可以卷起沉重的东西，而且能够分辨的气味种类比狗还多。发生灾难时，我只要挥动鼻子到处闻一闻，就可以找出受困者的位置，我还能用鼻子清除杂物，救出他们！

嗯，很有道理，你试试看吧！

▼ 大象的鼻子没有骨骼，是由 40 000 多块强健的小肌肉组成的。象鼻灵活又有力量，可以推倒树木，或举起很重的木头。

你被录取后一定要努力找出受困者！

是，队长！我不会让你失望的！

▼ 鼹（yǎn）鼠的身长不到 15 厘米，前掌强壮，擅长挖掘用来居住的地道。它会利用灵敏的嗅觉寻找食物，只有在追逐猎物或洞里有积水时才会出洞

报告！我闻到地下受困者的气味了！

鼹鼠只靠嗅觉找食物

 队长，我们虽然长时间生活在黑漆漆的地洞里，眼睛已经退化得几乎看不见东西了，但是我们的嗅觉很灵敏，平常靠嗅觉找食物，而且身材娇小又灵活，可以挖洞找人，绝对能完成搜救任务！

 哇！真优秀！你被录取了！

闻……

◀ 鼹鼠的两个鼻孔可以分开工作，能分别闻出不同的气味并传送不同的信息给大脑，因此它能分辨出哪个鼻孔闻到的气味比较浓，从而迅速找到受困者的位置

谢谢队长！救援时我会好好发挥我的专长！

很好！

▼ 鼹鼠几乎整天都在挖地道，捕捉蚯蚓或昆虫，一天能挖超过 50 米长的地道，有些地道深度可达 1 米

鲨鱼对血腥味最敏感

 队长，水中救难就交给我们吧！我可以在黑暗的海水中利用灵敏的嗅觉寻找猎物，即使远在 400 米外的一滴血，我都能闻出来。在茫茫大海中寻找受伤的伤员，就看我的吧！

 嗯！我很欣赏你，可是你有攻击性，什么时候你对人类友好了，我再考虑录取你！

▼ 鲨鱼的视觉很差，只能分辨出近处物体的形状和位置，不过它的嗅觉很敏锐，而且对血液的气味特别敏感，有些鲨鱼能从 100 万滴海水里闻出 1 滴血的气味

左前方有一股血腥味！

闻ooooooo

鼻孔

▼ 鲨鱼的大脑前端有两个对气味非常敏感的鼻囊，分别伸到两侧的鼻孔能帮助
  鲨鱼快速分辨气味的方向，从而捕捉猎物

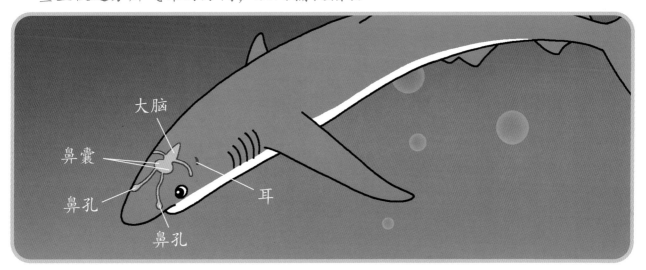

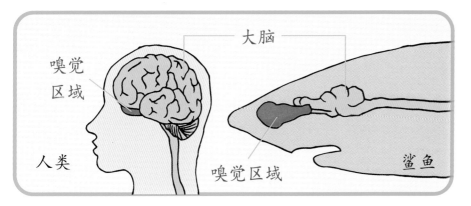

◀ 鲨鱼的大脑有超
  过一半以上的部
  位在处理和气味
  有关的信息，它
  们的嗅觉比人类
  灵敏 1 万倍

蔬菜与水果

植物一般都有根、茎、叶，可以在阳光和水分的帮助下生长，还能开花结果。植物可以帮助人体清理肠道，还可以为人体提供各种维生素，增强人体免疫力，帮助人类生长发育。植物真能干，好棒呀！但是，对于植物中的水果和蔬菜是如何分类的，我还是有些不清楚，请黄瓜先生帮忙解答吧。

黄瓜，你在菜品中经常出现，可超市里又有水果黄瓜在卖，那么你到底是蔬菜还是水果呢？

我当然是蔬菜了，虽然有人因为我可以直接食用而把我当作一种水果，但其实我是蔬菜。请大家一定要纠正"黄瓜是水果"这种错误的想法。

既然你已经说出了答案，不如干脆直接告诉我水果跟蔬菜之间到底有什么不同吧！

这跟你吃的是植物的哪个部分有关。通常情况下，如果植物的茎、叶子或根部可供食用，那么这种植物的食用部分就会被称为蔬菜，例如：卷心菜和白菜是叶子；胡萝卜和白萝卜是根部；芹菜是茎；马铃薯是块茎，也就是地底下的茎部。通常你吃的部分就是植物储藏养分的组织和器官，例如芦笋就将糖分和淀粉储藏在花茎里。另外，也有一部分蔬菜是植物的果实，比如茄子和我。

水果有什么不一样呢？

 水果一般特指植株结的有甜味且饱满多汁的果实，果实里有种子，种子是植物的生殖器官之一。果实多种多样：果实可以是柔软的，肉质多的；也可以是坚硬的，例如山竹。果实也会储存糖分和淀粉，有的很甜、多汁，有的则很干。果实也不是所有部位都能吃，例如核桃壳，我就不推荐你吃了。

 核桃也是果实？

 没错，像杏仁、橡果、榛（zhēn）子都是果实，指的就是它们在带果皮的时候。它们的身体里面都有种子，所以才会被称为果实。我们常吃的大米、小米和面粉等粮食也是由果实加工而来的，它们的果皮被脱去，这样食用起来更方便。

 真不可思议！有这么多果实呀！

 因为所有的果实都是从花朵发育而来的。其实开花植物是地球上种类最多、分布最广的植物，也就是被子植物，全世界大概有 20 多万种，占所有植物总数的一半以上。

 既然你知道这么多，想来也不会骗我。

 在植物学分类中，我属于葫芦科。我被那么多人喜欢，还被摆在很多水果店里，这让我感到非常自豪。无论如何，请大家一定要多吃蔬菜和水果。无论你们怎么称呼我们，我们对人类的身体健康都是非常有益的！

谢谢黄瓜，这下我终于能分清水果和蔬菜了！

拓展活动

请观察冰箱中和厨房里的植物类食物，并把它们分成水果和蔬菜。

发现火朋友

大家好！我是
火精灵！

　　哇！熊熊的火焰不断地燃烧着，温暖又明亮！日常生活中处处能看到火的踪影，它在不同的场合有不同的功能：露营时燃烧的营火，可以带来光亮和温暖；煮菜时用的炉火，能把食物变成热腾腾的大餐。火到底有哪些神奇的魔法？人类如何发现火、又如何跟火成为好朋友？就让我来告诉大家，下面先来说一个火的故事吧！

原始人克服对火的恐惧

很久以前，原始人看到闪电、听到轰隆隆的雷声，以为天神在生气，会非常害怕。有时闪电劈在树上，燃起熊熊大火，大家都吓得逃走了。

救命啊！天神发火了！

当时人类还不了解我……

一百多万年前，开始有人发现火的好处。

好奇特的东西，热热的，好温暖。

他大胆地捡起一根着火的树枝……

好像没那么可怕，把它带回去好了。

从此人类学会从大自然中取火来用了。

珍惜自然火种

　　远古时期人们还不知道怎样生火，就把野外自然燃烧的火焰用树枝带回洞穴，然后添加树枝让火焰一直燃烧，照亮洞穴，用来取暖。为了不让火焰熄灭，整天都会有人轮流看守，添加树枝，保证火焰一直燃烧。

▼ 用火烹饪。人们发现被火烤过的食物更容易咀嚼，有助于消化，而且吃烧熟的食物会减少疾病的发生

▼ 用火驱赶野兽。火可以帮助人们防御野兽的侵袭，当豹、鬣狗等凶猛动物接近人们时，人们能用火赶走它们，避免与猛兽搏斗，加强自卫能力

原始人用火做了很多事情，这时我已经是人类重要的朋友喽！

发现"火"魔法

　　渐渐地，人们发现了火的重要性，有些聪明的人就开始尝试寻找生火的方法。学会了如何生火，人们还利用火烧制器物——把黏土变成坚硬又防水的容器。火还可以提炼岩石中的金属，用来改良工具。火让大家的生活变得更舒适、便利。

▼ 原始人会用石头互相敲击，让迸（bèng）
　　出的火花掉落在干草上来生火

▼ 原始人会在木头上钻个小洞，在
　　洞里放一些干草，然后拿一根树
　　枝放进洞里，通过快速摩擦生火

火把泥土变成耐用的容器

（1）原始人会用树皮编成篮子，后来发现在上面涂上泥土，干了之后就能装水。但是装水的泥土盆容易溶掉，太干的泥土又容易因泥土剥落而坏掉。

（2）有了火之后，人们发现把泥土盆放在火中烤会使其变得坚硬并防水，这样的盆不但能装水，还可以用来煮东西。

火帮忙做出更好用的工具

（1）远古人类敲打石头，做出简单的切割工具，但是不够锐利。

（2）有了火之后，人们发现火可以熔化岩石中的金属，再把熔化的金属倒入模型里，做成各种坚硬、耐用的工具。

火好像魔术师，能变出各种新东西呀！

所以人们想更多地了解我呢！

▶ 牛蒡（bàng）的果实上长满了芒刺，其前端有小小的倒钩

别小看这些小钩子，它们一旦钩在衣服上，就很难掉落。

来自生物的好点子

想不到小小植物的身上，也有可以学习的地方！

随粘随撕好方便

　　仔细观察大自然的生物，可以发现很多好点子，用在生活上很方便。有些植物的果实具有芒刺，甚至还有小小的钩子，能钩在动物毛皮或人的衣服上，不容易掉落。有人利用这个特点，发明了一片有小钩钩、另一片有小圈圈的"魔术贴"，只要把两部分的钩子和圈圈按压在一起，就能紧紧地粘住，再用力一撕就可以分开，而且能重复使用，非常方便！

▲ 魔术贴在生活中应用很广，比如鞋子的扣带可用魔术贴固定，使鞋子穿脱方便

牢牢吸住不松脱

　　另一个随粘随松的好方法，是人类向章鱼学习的。章鱼的腕足上有许多收放自如的吸盘，能牢牢吸住体表光滑的鱼虾，使它们无法逃脱，章鱼就能把它们送到嘴中松开吸盘后吃掉。人类仿照章鱼的结构做出的各种吸盘，是生活中很方便的吸附工具！

吸盘 —————

▼ 章鱼的腕足上有很多吸盘，这些
　　吸盘由肌肉控制，吸力很强

吸盘

吸盘式
粘钩

▲ 人们用有弹性的橡胶做成像章鱼吸盘那样的小工具，它们可以牢牢附着在
平坦、光滑的地方

火星大使

近几年我国在太空探索的征途上奋勇前进，登陆火星的"祝融号"火星车已经陆陆续续地把火星上的探测数据传递回地球，供科学家研究和学习。火星车真是科学家的好帮手！它能搭载许多高科技设备，是科学家探测火星的秘密武器！

"祝融号"启动！

当"祝融号"从着陆平台驶离后，就开始了在火星的工作。"祝融号"将拍摄的火星山峰、火星平原、陨石坑和其他各种地形的珍贵图像，陆陆续续地传回地球。科学家可以通过这些图像对火星进行深入的了解和分析。

| 西 | 北 | 东 |

270°　　　　　　　　0°　　　　　　　　90°

▶ "祝融号"从火星传回地球的彩色照片显示，登陆地点景色非常荒凉。接下来"祝融号"就要开始在这里工作，一步步地探寻火星的秘密

神奇的磁铁

原来磁铁里面有一个个的小磁铁啊！

没错！所有的磁铁都是由很小的磁铁组成的，这些小小磁铁就是磁铁的磁力来源。

每块磁铁都有两极，人们会涂上两种不同的颜色来区分，或者标上字母区分，N 代表北极，S 代表南极。

磁铁可以吸住大部分含铁的物品，就像变魔术一样。

你想知道更多的磁铁秘密吗？要不要到我们磁力王国来看一看？

好啊！

出发了！

磁铁从哪里来？

 磁铁是怎么做出来的呢？

 其实自然界中就有磁铁！2000多年前，人类发现火成岩中的某些黑色矿物具有磁力，也就是磁铁矿。除了采集天然矿石，人类也会直接利用氧化铁或钢制造磁铁，这种方法产量大且不易破裂。

 所有的磁铁都是用铁做的吗？

 不是，大部分的磁铁是用铁做的。除了铁，钴（gǔ）和镍（niè）这两种金属也可以被制成磁铁！

岩浆

这就是磁铁矿！

想不到火山岩浆是磁铁矿的来源！

▲ 磁铁矿是一种黑色矿物质，大多蕴藏在岩浆冷却后所形成的岩浆岩中，经过风化作用逐渐碎裂，成为海边和河边的砂石

只有铁、钴、镍能被磁铁吸起来！

铁　钴　镍

钙　锌　钾　铝　镁　钠　铜

工厂制造磁铁的方法

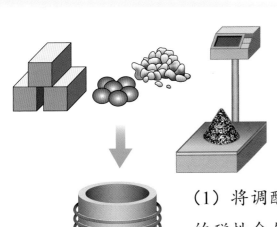

（1）将调配好的磁性金属按照比例放进铸炉中熔化。

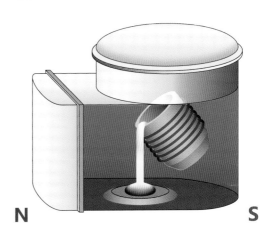

N　　　S

（2）将熔化后的金属液倒入强大的磁场内冷却。

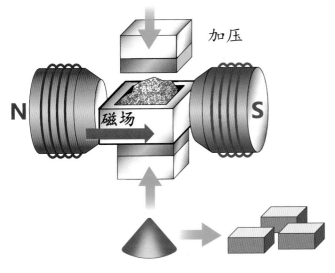

加压

N　磁场　S

（3）将冷却的金属块粉碎后，送进有超强磁力的机器中加压成型，增加磁力。

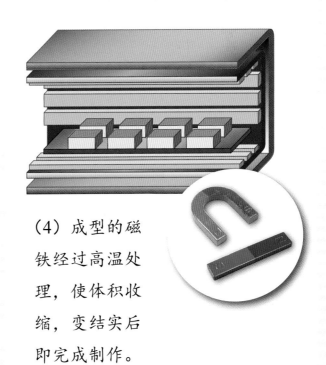

（4）成型的磁铁经过高温处理，使体积收缩，变结实后即完成制作。

帮助传递消息的火

古时候边境地区的交通很不方便，要是有敌人来侵犯，想快速传递消息很不容易，于是有人想到建起一座座烽火台。在烽火台上点火或制造浓烟，台台相连，传递消息，这样就能使远处的人提早防范！

▼ 烽火台是古代的军事建筑，在边疆每隔一段距离就建造一座高台，派士兵驻守，发现敌人时可立刻点燃烽火示警。这是古代非常有效的消息传递方式

周幽王烽火戏诸侯

（1）西周时期，有位叫褒（bāo）姒（sì）的妃子，很受周幽王的宠爱，可这位妃子不爱笑。周幽王想了很多办法，都没有让褒姒笑。有一次，周幽王命令士兵点燃烽火假装有敌人入侵，褒姒看到赶来的诸侯以为有敌军而惊慌失措的样子，不禁大笑起来。

（2）大家发现被骗了，只好撤退。

（3）后来真的有敌人入侵，周幽王点燃烽火求救，大家再也不愿意相信，没有人去救他，最后周幽王被杀死了，西周也灭亡了。

▶ 烽火台一般用泥土和石头做成，白天燃烧混合了狼粪的干草，可制造浓浓的狼烟示警；夜晚则烧木柴，可发出火光来传递信息

聪明机智的孔明

（1）传说三国时代的诸葛亮（孔明），有一次被敌人困住，他想到一个方法，叫人制作了几个天灯，绑上求救字条。

（2）到了晚上，他算好风向，点燃燃料，让天灯升空。天灯成功骗过了敌人，把求救消息传出去，最后诸葛亮的军队平安脱险。

（3）后来有些地方受到土匪抢掠，等土匪走后人们也会放天灯通知外出避难的村民，可以安心回家了。

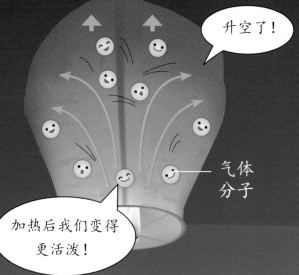

▲ 天灯是用纸和支架扎成的开口向下的灯笼。因点燃燃料后，灯笼中的气体受热膨胀，气体密度减小，从而使灯内气体所受到的重力减小，当天灯的总重力小于所受的浮力时，天灯便慢慢升空

勇敢机敏的印第安人

（1）早期印第安人没有文字，彼此距离又远，会用烧烟的方式来联络。

（2）每种烟雾代表不同的信号，各部落都有自己的独特暗号。

▶ 在野外遇难时，白天可以利用火烧烟求救。在火堆上放些潮湿的苔藓、蕨类、青草或树叶，让火堆产生浓烟，或是在火焰上方盖上湿布来产生烟雾

纸张大力士

咿，这不是一张普通的白纸吗？魔术师只要改变纸的形状，就能让它变得很有力量哦！让我们一起来见识一下纸的强大力量吧！

你相信吗？
一张纸可以承受书的重量。

怎么可能呢？

做更坚固的桥

1. 如果增加折叠的次数，做成的纸桥会承受更大的重力吗？

2 折	4 折	8 折
	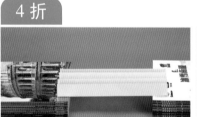	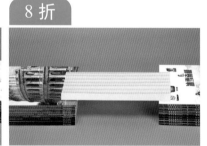
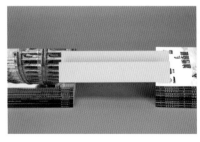	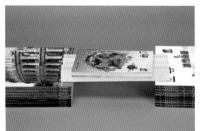	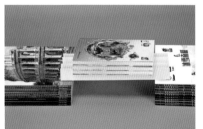

会的，8 折的 M 形会承受更大的重力。

2. 猜猜看，小汽车模型能站在哪座纸桥上呢？

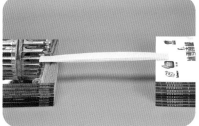  

A. 把纸折成厚厚的
长条状。

B. 把纸折成 M 形。

C. 把纸卷成圆柱，
然后横放。

原来如此

　　一张薄薄的纸，能承受的重力很小，容易变形。把纸折成 M 形或圆柱形，可以分散受到的重力。因此褶（zhě）数越多，纸的承受力越大。我们平常使用的瓦楞纸就是依据这个原理做成的，甚至在建筑方面，也常常利用同样的原理，制造出轻巧又坚固的结构。

▲ 瓦楞纸的横切面结构

嘿嘿，
很厉害吧！

哇，原来
薄薄的纸可以承受
这么大的重量。

春

夏

奇妙的四季

　　在一年里，大树有着不同的模样：温暖的春天，它开始发出嫩绿的新芽；炎热的夏天，它会长满绿油油的叶子；凉爽的秋天，大树的叶子纷纷变色；寒冷的冬天，叶子会全部掉光。等到下一年的春天，大树又会再次发芽、生长……可是，为什么会这样呢？

猜猜看，地球上的四季是如何产生的呢？

这是因为地球直直地绕太阳旋转，还是因为地球倾斜着绕太阳旋转？

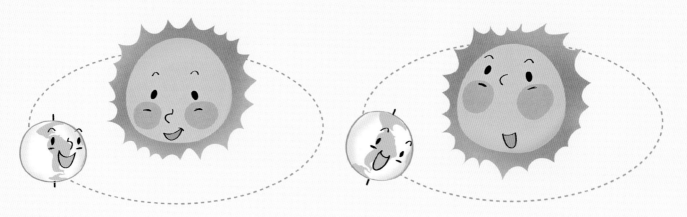

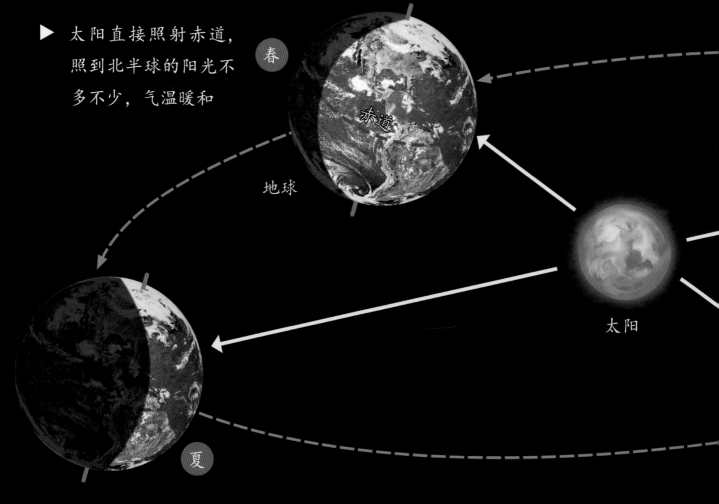

▶ 太阳直接照射赤道，
照到北半球的阳光不
多不少，气温暖和

春

赤道

地球

太阳

夏

▲ 太阳直接照射北半球，照到北
半球的阳光较多，气温比较高

地球倾斜着绕太阳旋转

因为地球倾斜着绕着太阳转，所以在不同的时间太阳照到地球上同一个地方的阳光都不一样多，比如夏天时，照到北半球的阳光比较多，所以天气比较炎热；冬天时，照到北半球的阳光变少了，所以天气比较寒冷；春天和秋天时，北半球照到的阳光适中，所以天气暖和，不太冷也不太热！这样就有了四季变化了。

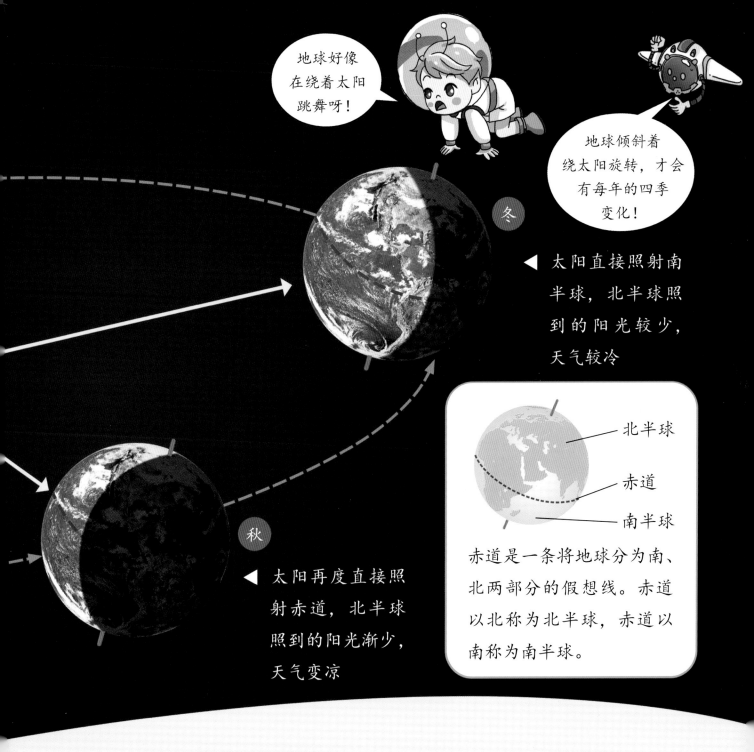

地球好像在绕着太阳跳舞呀!

地球倾斜着绕太阳旋转,才会有每年的四季变化!

冬

◀ 太阳直接照射南半球,北半球照到的阳光较少,天气较冷

北半球

赤道

南半球

赤道是一条将地球分为南、北两部分的假想线。赤道以北称为北半球,赤道以南称为南半球。

秋

◀ 太阳再度直接照射赤道,北半球照到的阳光渐少,天气变凉

猜猜看,地球上所有的地方都有明显的四季变化吗?

有些地方四季不明显

　　地球上有些地方的四季变化并不明显，有的地方整年都很炎热，天气一直都像夏天；而有的地方则整年都非常寒冷，天气就像一直是冬天。而且不同的地区，会呈现不同的四季变化。

▼ 地球最南端的南极，大部分地面整年被冰雪覆盖，是全球最冷的地方，帝企鹅在这里生活

▼ 北极在地球的最北端，全年都很寒冷，海面有许多厚厚的冰层，白白胖胖的北极熊居住在这里

如果北极有炎热的夏天，北极熊一定会热得受不了！

不同地方的生物对本地四季的变化都已经适应了！

北极

赤道

南极

▶ 非洲靠近赤道附近的地方，整年都很炎热，但是雨量变化很大，所以只分为旱季和雨季

炽热的太阳内部

太阳会发光发热，而且在一天中位置会不断地发生变化。但是大家知道为什么人在晒太阳时会感觉热热的吗？我请到了一位了解太阳的朋友和我们一起聊聊这个话题！

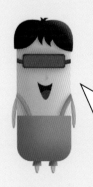

大家好，我是红外线，虽然你们看不见我，但是我就在你们的身边，我是太阳光线中的不可见光。

红外线，你好，我想向你请教一下，为什么人在地球上晒太阳时会感觉热热的？

要回答这个问题，让我们先从太阳讲起。太阳是一个巨大的发光球体，与地球之间的距离超过了 1.5 亿千米，它是最靠近地球的恒星，也是地球上绝大部分能量的来源，你可以称它为"地球的能量恒星"。

它距离地球那么远，是怎样成为地球的能量来源呢？

事实上，太阳内部好像一个巨大的核聚变工厂，不停地发生核聚变反应，从而产生了大量的能量。这些能量源自太阳内部，穿过太阳大气层，辐射到地球上。

那太阳内部有多热呢？

太阳每秒钟释放出的能量相当于数百万颗氢弹同时爆炸的威力，它的核心温度高达 15 000 000℃。

天啊！真是不敢想象的温度！那么这些释放的能量是如何流动的呢？

这些能量会从太阳核心处一个高温的地方转移到太阳中温度较低的地方——核心外层。不过这个区域非常厚，能量必须花上好几百万年才能穿透。

接着这些能量就到地球了吗？

还没有。能量还要穿过太阳的大气层，再经过 8 分多钟才会辐射到地球上。

然后呢？

到达地球的能量，经过地球大气层的反射、折射、吸收，最终有一部分辐射到地表。

你说的能量就是太阳光吧？

太阳光只是太阳辐射的一部分可见光。太阳辐射的光有着不同的波长。就拿我来说，我的波长比人们所能看见的任何光线的波长都长。相对应，紫外线的波长最短。红外线、紫外线都是不可见光。

我猜到了，我们是吸收了太阳的辐射，所以晒太阳的时候就会感觉热热的，对吗？

当然！因为在地球表面，温度远低于太阳的温度，所以地球上的物体会吸收辐射能量。例如当你把手朝向太阳时，手会变热，就是因为它吸收了太阳辐射的能量后温度升高，你就会感觉很温暖。

真有趣！不过还有一件事，如果太阳像你所说的那样一直在燃烧、释放光，难道就不怕有一天会被烧坏吗？就像我家里的电灯泡，如果天天都开着，用久了就会坏掉。

嗯，有可能，太阳大约还能继续努力工作 50 亿年。科学家推断太阳会把氦溶入较重的元素中，到时候太阳会胀得很大，将地球一口吞噬。再过 10 亿年，太阳会退化成一个白矮星，然后再花上千亿年的时间让这颗火球冷却。

哇！到那时候你会变成什么样呢？

到那时呀，我想我只好……和大家说再见了。

谢谢红外线的回答。
现在请大家和我一起利用学到的
知识来进行以下活动吧！

拓展活动

准备两个玻璃杯、两支温度计和一个放大镜，探究辐射能产生热的特性。

（1）在两个玻璃杯中各装上半杯水。

（2）将两支温度计分别放入两个杯子中，确保两杯水的温度相同。

（3）将这两个杯子置于阳光下，并且将升高的温度一一记录下来。

（4）用放大镜将阳光聚集在其中一个杯子上，注意温度的升高情况。

请思考：水温的升高和阳光的辐射能之间有何关联？

原来如此

　　如果恒星把燃烧的能量消耗完，就会死掉。恒星在死掉之前会变成红巨星或红超巨星，然后发生剧烈的大爆炸，之后慢慢变冷、光线越来越弱，有的变成小小的白矮星，有的变成中子星或黑洞，再也不会发光了。

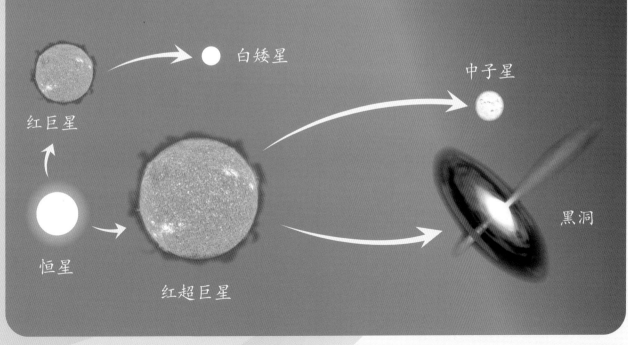

嘟嘟森林的甲虫餐厅

嘟嘟森林的甲虫餐厅开张了！客人们纷纷从森林各地赶来品尝。餐厅老板请来专业的厨师，针对不同种类的甲虫设计菜单。独角仙和天牛不吃固体食物，决定到饮料区喝杯饮料，只是它们很难决定该点用树木鲜榨的爽口树汁，还是用熟透水果做的香甜果汁。餐厅在饮料区还贴心地备有腐殖土宝宝餐，让不喝饮料的金龟子和独角仙宝宝也能品尝。这家甲虫餐厅服务这么周到，让所有客人都很满意，大家都想下次再来大吃一顿！

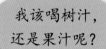

欢迎来到甲虫餐厅，土壤除了能提供植物生长所需要的水、氧气和微量元素，里面的营养物质还是很多昆虫喜爱的美食呢。本店为大家隆重推荐招牌特色菜：腐殖土宝宝餐！

我该喝树汁，还是果汁呢？

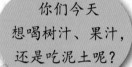

你们今天想喝树汁、果汁，还是吃泥土呢？

爸爸，泥土好吃！

▲ 独角仙喜欢吸食树汁，幼虫则住在腐殖土里，以土里的营养物质为食

◀ 锹（qiāo）形虫会用强壮的大颚（è）咬破树皮，再从破洞里吸食树干渗出来的汁液

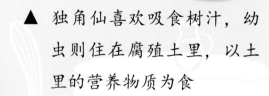

▶ 某些金龟子和独角仙幼虫，住在腐殖土里面，以土里的营养物质为食

你看我吃得白白胖胖的，就知道土壤也很有营养！

◀ 金龟子正在吃花粉。有的金龟子吃植物，有的金龟子吃粪便。吃植物的金龟子喜欢吃花、叶、果实和树汁等

这家餐厅真不错！

嗯，服务好周到！

大家喜欢的话，欢迎以后常来！